365
ENSINAMENTOS DA FILOSOFIA ESTOICA

SÊNECA
EPITETO
MARCO AURÉLIO

365
ENSINAMENTOS DA FILOSOFIA ESTOICA

Descubra a sabedoria estoica para uma vida equilibrada

SÊNECA
EPITETO
MARCO AURÉLIO

Principis

Esta é uma publicação Principis, selo exclusivo da Ciranda Cultural
© 2024 Ciranda Cultural Editora e Distribuidora Ltda.

Conteúdo baseado em publicações
traduzidas pela Principis.

Produção editorial
Ciranda Cultural

Editora
Michele de Souza Barbosa

Diagramação
Linea Editora

Texto de apresentação
Anderson Azevedo Porangaba

Design de capa
Ana Dobón

Organização do texto
Walter Sagardoy

Imagens
Hans Kwaspen/shutterstock.com

Revisão
Eliel Cunha

Dados Internacionais de Catalogação na Publicação (CIP) de acordo com ISBD

S129f	Sagardoy, Walter
	365 ensinamentos da filosofia estoica / Walter Sagardoy. - Jandira, SP : Principis, 2024.
	128 p. : 15,50cm x 22,60cm.
	ISBN: 978-65-5097-175-5
	1. Filosofia. 2. Meditação. 3. Natureza. 4. Homem. 5. Estoicismo. I. Título.
	CDD 100
2024-2053	CDU 1(81)

Elaborado por Lucio Feitosa - CRB-8/8803

Índice para catálogo sistemático:
1. Filosofia : 100
2. Filosofia : 1(81)

1ª edição em 2024
www.cirandacultural.com.br
Todos os direitos reservados.
Nenhuma parte desta publicação pode ser reproduzida, arquivada em sistema de busca ou
transmitida por qualquer meio, seja ele eletrônico, fotocópia, gravação ou outros, sem prévia
autorização do detentor dos direitos, e não pode circular encadernada ou encapada de maneira
distinta daquela em que foi publicada, ou sem que as mesmas condições sejam impostas aos
compradores subsequentes.

Esta obra reproduz costumes e comportamentos da época em que foi escrita.

SUMÁRIO

Apresentação 7

O que é o estoicismo 9

Os ensinamentos estoicos e a busca da felicidade 11

O estoicismo na vida moderna 13

A gestão do estresse 14

A arte do autocontrole e da resiliência 16

O autocontrole no estoicismo 16

A resiliência no estoicismo 17

O papel das emoções no estoicismo 18

A ética no estoicismo 20

A importância da aceitação 21

O desapego e a serenidade interior no estoicismo 24

A reflexão e o autodomínio no estoicismo 25

365 ensinamentos da filosofia estoica 27

APRESENTAÇÃO

Por Anderson Azevedo Porangaba[1]

Uma das características mais fascinantes do estoicismo é sua relevância contínua no mundo moderno. Atualmente, enfrentamos uma infinidade de pressões e demandas diárias, e essa filosofia oferece ferramentas poderosas para lidar com o estresse, tomar decisões conscientes e cultivar relacionamentos saudáveis.

As práticas de meditação, diário de gratidão, exame de consciência e controle dos pensamentos são apenas algumas das maneiras pelas quais podemos aplicar

---

[1] Porangaba, A. P. *O que é estoicismo*: o guia definitivo. São Paulo: Partiu Ser Nômade, 2024. Disponível em: https://www.partiusernomade.com.br/2024/02/08/o-que-e-estoicismo/. Acesso em: 21/7/2024.

esses ensinamentos em nosso dia a dia. Além disso, o estoicismo nos lembra da importância da ética e da virtude em nossas ações. As virtudes estoicas de prudência, justiça, coragem e temperança não são apenas ideais abstratos, mas qualidades que podemos cultivar e desenvolver em nós mesmos para viver de forma mais autêntica e significativa.

Essa sabedoria atemporal tem o poder não apenas de inspirar mas também de transformar a maneira como enfrentamos os desafios da vida. Por isso selecionamos frases e citações das principais obras estoicas, para que você comece a praticar essa filosofia que tanta leveza e tantos benefícios nos traz quando aplicada.

O QUE É O ESTOICISMO

A filosofia estoica é uma antiga escola de pensamento que possui uma rica história e profundos princípios. Originada na Grécia Antiga, a filosofia estoica ganhou destaque com importantes filósofos, como Zenão de Cítio, Epiteto e Sêneca. Essa escola filosófica causou um forte e duradouro impacto em nossa cultura e em nosso modo de pensar.

Os princípios do estoicismo se baseiam na ideia de viver de acordo com a natureza e encontrar a felicidade por meio da virtude e do autodomínio. Os estoicos acreditavam que a busca da sabedoria e o cultivo das virtudes eram essenciais para alcançar uma vida plena e significativa, pregando ainda o desapego das coisas materiais.

Os filósofos estoicos valorizavam a prática da ética e da moralidade, buscando desenvolver atitudes de sabedoria, coragem, justiça e autodisciplina. Acreditavam que a vida consiste em aceitar o destino com serenidade e tranquilidade interior, aceitando as coisas que não podem ser controladas e focando no que está ao nosso alcance.

Ao longo dos séculos, os ensinamentos dos filósofos estoicos influenciaram diversas áreas, incluindo a psicologia, a ética, a espiritualidade e o pensamento filosófico como um todo. Atualmente, o estoicismo é uma filosofia relevante e aplicável no mundo moderno. Suas ideias e ensinamentos podem ser facilmente adaptados ao contexto atual, fornecendo orientações valiosas para enfrentar os desafios do dia a dia. A busca pela paz interior, o autocontrole e a sabedoria são conceitos universalmente desejados, e o estoicismo oferece práticas e princípios que nos ajudam a alcançá-los.

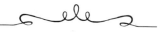

OS ENSINAMENTOS ESTOICOS E A BUSCA DA FELICIDADE

Os ensinamentos estoicos são profundamente interligados à busca da felicidade duradoura e, por meio de práticas e exercícios específicos, têm como objetivo nos ajudar a encontrar equilíbrio e contentamento, mesmo diante das adversidades da vida.

Os estoicos acreditam que a verdadeira felicidade não depende das circunstâncias externas, mas sim da forma como interpretamos e reagimos a essas circunstâncias. Além disso, nos encorajam a praticar a virtude e viver de acordo com os princípios éticos. Os estoicos acreditam que agir com virtude é essencial para alcançar a felicidade e a paz interior.

Uma das práticas estoicas mais conhecidas é o exercício do "controle das paixões". Os estoicos nos ensinam a cultivar o autocontrole emocional e a não nos deixar levar por impulsos e emoções negativas. Eles nos lembram que somos responsáveis pelas nossas próprias reações e que podemos escolher como responder às situações que enfrentamos.

Outra prática importante é a reflexão sobre a impermanência da vida. O estoicismo nos lembra que tudo na vida é efêmero e que devemos valorizar o momento presente. Ao reconhecer a transitoriedade da vida, somos incentivados a apreciar as coisas simples e a viver de forma mais consciente e significativa.

A felicidade e a serenidade interior estão ao nosso alcance se aplicarmos os ensinamentos estoicos em nossa vida. Cultivar a tranquilidade, praticar as virtudes e exercitar o controle emocional são práticas fundamentais que nos guiarão em nossa jornada rumo a uma vida plena e feliz.

Agora que entendemos os ensinamentos estoicos e sua relação com a busca pela felicidade duradoura, vamos explorar como esses princípios podem ser aplicados no contexto atual. Descubra como o estoicismo se tornou relevante na vida moderna e como suas práticas podem nos ajudar a lidar com o estresse, tomar decisões e cultivar relacionamentos saudáveis.

- ✳ Meditação: a meditação permite que nos conectemos conosco mesmos, reduzindo a ansiedade e promovendo a serenidade interior.
- ✳ Diário de Gratidão: escrever diariamente sobre as coisas pelas quais somos gratos nos ajuda a

cultivar uma mentalidade positiva e a apreciar os aspectos positivos da vida.

* Exame de Consciência: reservar um tempo para refletir sobre nossas ações e comportamentos nos ajuda a desenvolver maior autocompreensão e a identificar áreas em que podemos melhorar.

* Controle dos Pensamentos: os estoicos nos ensinam a questionar e desafiar nossos pensamentos negativos e autodestrutivos, substituindo-os por visões mais realistas e positivas.

O ESTOICISMO NA VIDA MODERNA

Uma das aplicações práticas mais importantes do estoicismo na vida moderna é a gestão do estresse. Vivemos em um mundo acelerado, com demandas constantes e pressões diárias. O estoicismo nos ensina a focar no que está sob nosso controle e a aceitar aquilo que não pode ser mudado. Ao adotar uma mentalidade estoica, podemos encontrar maior equilíbrio emocional e lidar de maneira mais eficaz com situações estressantes.

A tomada de decisões é outra área em que o estoicismo pode ser aplicado com sucesso. Os ensinamentos estoicos incentivam a análise racional das opções disponíveis, a consideração das consequências e o foco no que é moralmente correto. Ao integrar essas práticas na tomada de decisões, podemos evitar tomar escolhas impulsivas e agir de acordo com nossos valores e objetivos.

No campo dos relacionamentos interpessoais, o estoicismo também oferece valiosas lições. A filosofia estoica nos ensina a cultivar a empatia, compreender que não podemos controlar as ações dos outros e aceitar as imperfeições humanas. Ao adotar esses princípios, podemos melhorar a qualidade de nossas conexões e reduzir conflitos desnecessários.

A GESTÃO DO ESTRESSE

Ao abordar a gestão do estresse, o estoicismo nos convida a refletir sobre a natureza das coisas que nos causam ansiedade e estresse. Podemos identificar aquilo que está sob nosso controle e direcionar nosso foco

para melhor lidar com essas situações. Aceitar a impermanência das coisas e não se apegar a expectativas irrealistas são princípios essenciais do estoicismo que nos ajudam a cultivar a serenidade interior.

Além disso, as práticas estoicas, como a visualização do pior cenário possível, permitem que nos preparemos mentalmente para enfrentar desafios. Ao antecipar e refletir sobre as adversidades que podemos encontrar, desenvolvemos resiliência e nos fortalecemos para superar obstáculos com mais facilidade.

Por fim, a prática da gratidão e do contentamento também é incentivada pelo estoicismo. Ser grato pelo que temos e encontrar satisfação nas coisas simples da vida nos ajuda a cultivar uma atitude positiva e a valorizar o presente.

Podemos aplicar a sabedoria estoica em nosso cotidiano. Refletir sobre nossas ações, escolhas e reações é uma prática estoica que nos permite desenvolver maior autoconsciência e tomar decisões mais sábias.

O estoicismo moderno oferece benefícios significativos para nossa vida pessoal e profissional. Além de cultivar a tranquilidade interior, seus princípios e práticas nos ajudam a tomar decisões conscientes e construir relacionamentos saudáveis. Ao aplicar esses ensinamentos em nossa vida diária, podemos experimentar maior sensação de propósito, paz e realização.

A ARTE DO AUTOCONTROLE E DA RESILIÊNCIA

O autocontrole e a resiliência são conceitos fundamentais no estoicismo, pois desempenham um papel crucial no desenvolvimento pessoal e no alcance da paz interior. Vejamos a importância dessas habilidades, assim como técnicas e práticas para cultivá-las em sua própria vida.

O AUTOCONTROLE NO ESTOICISMO

O autocontrole é visto como a capacidade de dominar nossas reações emocionais e nossos impulsos. É a habilidade de responder de maneira calma e serena diante de situações desafiadoras. O autocontrole nos permite tomar decisões conscientes e sábias, em vez de nos deixar levar por nossas emoções momentâneas.

Uma das práticas recomendadas pelos estoicos para desenvolver o autocontrole é a meditação. Pela meditação, podemos treinar nossa mente para observar nossos pensamentos e emoções sem nos identificarmos completamente com eles. Isso nos ajuda a cultivar a capacidade de escolher conscientemente como agir diante de diferentes situações.

A RESILIÊNCIA NO ESTOICISMO

Capacidade de lidar com os desafios da vida de maneira saudável e positiva, no estoicismo a resiliência é cultivada por meio do reconhecimento de que não temos controle sobre eventos externos, mas apenas sobre como reagimos a eles.

Os estoicos acreditam que o sofrimento surge quando resistimos ao que é inevitável. Portanto, eles nos ensinam a aceitar as circunstâncias da vida e a encontrar serenidade interior mesmo em meio às adversidades.

A resiliência estoica nos permite adaptação a situações difíceis e encontrar força interior para superá-las.

O PAPEL DAS EMOÇÕES NO ESTOICISMO

Ao contrário de outras filosofias que buscam eliminar as emoções ou considerá-las prejudiciais, os estoicos reconhecem a importância das emoções, mas defendem a necessidade de desenvolvermos controle emocional.

Ao mesmo tempo, não devemos nos apegar excessivamente a emoções negativas, como medo e raiva, e sim cultivar emoções mais positivas e equilibradas, como serenidade e gratidão.

O estoicismo nos ensina que as emoções são resultado de nossos julgamentos e interpretações das situações. A maneira como percebemos e interpretamos eventos determina nossas emoções e como elas nos afetam. Portanto, devemos examinar nossos pensamentos e crenças subjacentes e questionar se são racionais e úteis.

Para desenvolver maior controle emocional, os estoicos nos incentivam a praticar a autodisciplina e a aceitação. Ao reconhecer que não podemos controlar tudo o que acontece ao nosso redor, podemos focar em nosso próprio comportamento e em nossas atitudes. Ao aceitar as dificuldades e incertezas da vida, reduzimos a influência negativa das emoções negativas.

Existem várias práticas e exercícios recomendados pelos estoicos para nos ajudar a desenvolver controle emocional:

- Examinação de pensamentos: Ao analisar nossos pensamentos, podemos identificar crenças irracionais e substituí-las por visões mais racionais e realistas.

- Prática da aceitação: Aprender a aceitar as circunstâncias inevitáveis da vida nos permite lidar com elas de maneira mais tranquila e serena.

- Renúncia ao apego: Ao nos desapegarmos das coisas externas e reconhecermos que nossa felicidade não depende delas, reduzimos a influência das emoções decorrentes das mudanças e perdas.

- Exercício de imaginação invertida: Visualizar situações negativas antecipadamente nos prepara emocionalmente para enfrentá-las com mais equilíbrio.

Por meio dessas práticas, podemos fortalecer nossa capacidade de controlar as emoções e responder de forma mais consciente e equilibrada aos desafios da vida.

A ÉTICA NO ESTOICISMO

No estoicismo, a ética desempenha um papel fundamental na busca da sabedoria e da felicidade. Os estoicos acreditavam que a virtude era o único bem verdadeiro e que era alcançada pelo cultivo de certas qualidades morais.

As virtudes estoicas eram características ou traços de caráter que capacitavam uma pessoa a lidar efetivamente com os desafios da vida e a viver de acordo com a razão e a natureza. As principais virtudes estoicas eram:

- ✸ Prudência: busque a sabedoria e tome decisões prudentes com base na razão.
- ✸ Justiça: trate os outros com equidade e respeito, buscando o bem comum.

- ✳ Coragem: enfrente os desafios e as adversidades com bravura e determinação.
- ✳ Temperança: evite excessos e pratique o autocontrole em todas as áreas da vida.

Essas virtudes não eram apenas ideais abstratos, mas algo que podia ser cultivado e desenvolvido por meio do exercício constante e da reflexão.

A IMPORTÂNCIA DA ACEITAÇÃO

A aceitação desempenha um papel crucial em nosso desenvolvimento pessoal. Aprender a aceitar as circunstâncias inevitáveis da vida é essencial. Como vimos, nem sempre podemos controlar o que acontece ao nosso redor, mas podemos controlar nossa reação. Como, entretanto, colocar isso em prática?

Aceitar o inevitável não significa resignar-se passivamente, mas sim reconhecer que certas coisas estão além do nosso controle e encontrar maneiras construtivas de lidar com elas. É sobre aprender a fluir com as

inevitabilidades da vida e encontrar paz, mesmo diante das adversidades.

A aceitação no estoicismo não é apenas sobre aceitar as circunstâncias externas, mas também sobre aceitar a nós mesmos. Isso inclui reconhecer nossas limitações, aceitar nossos erros passados e presentes e estar disposto a aprender e crescer com eles. Ao praticar a aceitação, cultivamos a humildade e a compreensão de que somos seres em constante evolução. Também, encontramos a liberdade de focar nossa energia e nossos recursos em áreas que podemos influenciar e mudar. Em vez de desperdiçar energia lutando contra o inevitável, podemos direcionar nosso esforço para melhorar a nós mesmos e nosso ambiente imediato.

A aceitação nos permite liberar o estresse e a frustração associados à resistência às mudanças e às coisas que não podemos controlar. Ela nos capacita a encontrar soluções criativas e adaptativas para os desafios da vida e evita que nos prendamos a sentimentos de desamparo e impotência. Ao aceitar as situações como são, podemos nos libertar do sofrimento desnecessário. Dessa forma, a aceitação se torna uma ferramenta poderosa para alcançar uma vida mais plena e satisfatória.

É importante ressaltar que a aceitação não significa que devemos abandonar nossos objetivos e aspirações. Pelo contrário, ela nos empodera para buscar constantemente o autodomínio e a excelência pessoal, independentemente das circunstâncias externas. Ao aceitar o inevitável, abrimos espaço para crescer e prosperar; assim encontramos significado e propósito em todos os aspectos da vida.

Ao praticar a aceitação no estoicismo, podemos alcançar um estado de paz interior duradoura. A paz interior é conquistada quando somos capazes de desapegar de expectativas e desejos excessivos, o que nos leva a encontrar contentamento no presente momento. A aceitação nos permite encontrar alegria na simplicidade e cultivar uma atitude de gratidão por tudo o que temos. Ela nos lembra que a verdadeira felicidade não reside em ter o controle total sobre o mundo exterior, mas sim em ter o controle sobre nossas próprias reações e perspectivas internas.

Portanto, aprender a aceitar o inevitável é uma jornada transformadora. Ela nos desafia a abandonar o desejo de controle absoluto e nos convida a abraçar a incerteza e a imprevisibilidade da vida. Ao fazer isso, nos tornamos mais resilientes e sábios.

SÊNECA | EPITETO | MARCO AURÉLIO

O DESAPEGO E A SERENIDADE INTERIOR NO ESTOICISMO

O desapego no estoicismo trata de nossa capacidade de não nos apegarmos excessivamente aos bens materiais, às opiniões dos outros e aos eventos externos que não podemos controlar. Isso não significa que devemos nos afastar completamente do mundo, mas sim adotar uma mentalidade de desapego saudável, reconhecer que nossa felicidade não depende desses elementos externos.

O estoicismo nos ensina que a serenidade interior não está ligada às circunstâncias externas, mas sim à nossa percepção e aceitação dessas circunstâncias. Ao cultivar o desapego, aprendemos a lidar de forma mais serena e equilibrada com os altos e baixos da vida. Não se trata de renunciar completamente às coisas materiais ou ignorar nossas emoções. É necessário encontrar um equilíbrio saudável entre desfrutar e apreciar o mundo ao nosso redor sem permitir que isso defina nossa felicidade e serenidade interior.

A REFLEXÃO E O AUTODOMÍNIO NO ESTOICISMO

Pilares fundamentais da filosofia estoica, essas habilidades nos ajudam a compreender melhor a nós mesmos, a lidar com as adversidades da vida e a buscar a sabedoria e a tranquilidade interior.

A reflexão no estoicismo envolve o autoexame e a autorreflexão constante. É um processo no qual examinamos nossos pensamentos, emoções e ações de forma imparcial e objetiva, buscando compreender nossos próprios padrões de comportamento, crenças e valores. Por meio da reflexão, podemos identificar e corrigir nossas falhas, cultivar virtudes e nos tornar pessoas melhores.

O autodomínio estoico, por sua vez, refere-se à capacidade de controlar nossas próprias reações e impulsos, independentemente das circunstâncias externas. O autodomínio nos permite responder de forma ponderada e racional em vez de reagir impulsivamente, o que nos leva a tomar decisões mais sábias e a lidar com as situações de forma mais eficaz.

Para desenvolver a reflexão no estoicismo, podemos praticar exercícios como a escrita do diário, a meditação e a contemplação. Essas práticas nos ajudam a examinar nossos pensamentos e emoções de forma mais objetiva, e a encontrar maior entendimento de nós mesmos e do mundo ao nosso redor.

Selecionamos 365 frases para você ler no seu dia a dia e ir incorporando a filosofia estoica em sua vida. O resultado? Paz, uma vida leve e com propósito.

365

ENSINAMENTOS DA FILOSOFIA ESTOICA

"Nossa falta de confiança não é o resultado da dificuldade. A dificuldade vem da nossa falta de confiança. Não é porque as coisas são difíceis que não ousamos. É porque não ousamos que as coisas são difíceis."

— *Cartas a Lucílio*, **Sêneca**.

" A vida é curta, a arte é longa."

— *Sobre a brevidade da vida*, **Sêneca**.

"O amor é o desejo de alcançar a amizade de uma pessoa que nos atrai pela beleza."

— *Sobre a amizade*, **Cícero**

"O desastre é todo meu, se houver desastre; e ficar severamente angustiado com os próprios infortúnios não demonstra que você ama seu amigo, mas que ama mais a si mesmo."

— *Saber envelhecer*, **Cícero**

SÊNECA | EPITETO | MARCO AURÉLIO

" A principal indicação, na minha opinião, de uma mente bem ordenada é a habilidade de um homem em permanecer em um lugar e ficar em sua própria companhia."

— *Cartas a Lucílio*, **Sêneca**

"Enquanto não aceitarmos a vida como ela é, não podemos ser felizes."

— *Manual de Epiteto*, **Epiteto**

"Nunca confie nos prazeres, pois são inconstantes e passageiros."

— *Sobre a felicidade*, **Sêneca**

"O homem corajoso é aquele que não apenas enfrenta a morte, mas também enfrenta a vida."

— *Sobre a brevidade da vida*, **Sêneca**.

365 ENSINAMENTOS DA FILOSOFIA ESTOICA

"Quem pode nos prejudicar se estamos decididos a não ser feridos?"

— *Meditações,* **Marco Aurélio**

"Das coisas existentes, algumas são encargos nossos; outras não. São encargos nossos o juízo, o desejo, a repulsa — em suma, tudo quanto seja ação nossa. Não são encargos nossos o corpo, as posses, a reputação, os cargos públicos — em suma: tudo quanto não seja ação nossa."

— *Manual de Epiteto,* **Epiteto**

" Não é que tenhamos pouco tempo de vida, mas desperdiçamos muito dela."

— *Sobre a brevidade da vida,* **Sêneca**

"Que nada lhe seja permitido enquanto estiver irado. Por que razão? Porque irá querer que tudo lhe seja permitido."

— *Sobre a ira,* **Sêneca**

SÊNECA | EPITETO | MARCO AURÉLIO

"A vida é uma pequena parte da vida que realmente vivemos. Na verdade, todo o resto não é vida, mas apenas a passagem do tempo."

— *Sobre a brevidade da vida,* **Sêneca**.

"Considere que aquele que não quer que o homem mau faça o mal, é semelhante ao homem que não quer que a figueira produza fruto nos figos, e que as crianças chorem, e o cavalo rinche, e tudo mais que deve ser por necessidade."

— *Meditações,* **Marco Aurélio**

"O PRÊMIO DE UMA BOA AÇÃO É TÊ-LA PRATICADO."

— *Sobre a amizade,* **Cícero**

"O desastre é a oportunidade da virtude."

— *Sobre a providência,* **Sêneca**

365 ENSINAMENTOS DA FILOSOFIA ESTOICA

" Não despreze a morte, mas fique em paz com ela, pois esta também é uma daquelas coisas que a natureza quer. Pois tal como é ser jovem e envelhecer, e crescer e alcançar a maturidade, [...] tal também é a dissolução. Isto, portanto, é consistente com o caráter de um homem que reflete – não ser descuidado, nem impaciente, nem desdenhoso em relação à morte, mas esperar por ela como uma das operações da natureza."

– Meditações, **Marco Aurélio**

"Você não encontrará ninguém disposto a dividir seu dinheiro; mas para quantos cada um de nós divide a própria vida!"

– Sobre a brevidade da vida, **Sêneca**

SÊNECA | EPITETO | MARCO AURÉLIO

"Se alguém lhe disser que certa pessoa fala mal
de você, não se justifique sobre o que é dito,
mas responda: 'Ela ignora minhas outras falhas,
senão não teria mencionado só essas'."

— *Manual de Epiteto*, **Epiteto**

" A gratidão é a chave para
uma mente tranquila."

— *Sobre a tranquilidade da alma*, **Sêneca**

"A vida simples é a mais feliz."

— *Sobre a tranquilidade da alma*, **Sêneca**

"É completamente impossível unir a felicidade com um anseio pelo que não temos. A felicidade tem tudo o que ela quer, e que se assemelha ao bem alimentado, não deve haver nele qualquer fome ou sede."

— *Discursos*, **Epiteto**

365 ENSINAMENTOS DA FILOSOFIA ESTOICA

"A arte de viver é mais como lutar do que dançar."

— *Meditações*, **Marco Aurélio**

"Não é fácil alcançar a felicidade, já que quanto mais avidamente um homem se esforça para alcançá-la, mais ele se afasta."

— *A vida feliz*, **Sêneca**

"O homem vive preocupado em viver muito, não em viver bem, mas na realidade o viver muito não depende dele, mas o viver bem, sim."

— *Sobre a brevidade da vida*, **Sêneca**

"Existem mais coisas suscetíveis de nos assustar do que existem de nos derrotar; sofremos mais na imaginação do que na realidade... Assim, algumas coisas nos atormentam mais do que deveriam; algumas nos atormentam antes do que deveriam; e algumas nos atormentam quando não deveriam nos atormentar."

— *Meditações*, **Marco Aurélio**

SÊNECA | EPITETO | MARCO AURÉLIO

" Nada é mais excelente ou mais belo do que a virtude; tudo o que fazemos em obediência às suas ordens é bom e desejável."

– *Cartas a Lucílio*, **Sêneca**

"Ninguém condenou a sabedoria à pobreza. O filósofo pode possuir ampla riqueza, mas não possuirá riqueza que tenha sido arrancada de outro, ou que esteja manchada com o sangue de outra pessoa: ela deve ser obtida sem prejudicar qualquer homem e sem que ela seja obtida por meios vis; deve ser honrosamente acessível e honrosamente gasta."

– *A vida feliz*, **Sêneca**

"O IMPEDIMENTO À AÇÃO AVANÇA A AÇÃO. O QUE FICA NO CAMINHO SE TORNA O CAMINHO."

– *Meditações*, **Marco Aurélio**

365 ENSINAMENTOS DA FILOSOFIA ESTOICA

" É impossível para um homem aprender o que ele acha que já sabe."

— *Manual de Epiteto*, **Epiteto**

"Uma mente sã não deve ser abalada por aplausos populares e vãos."

— *A vida feliz*, **Sêneca**

"Quem deseja ser imperturbável e sereno deve aprender a não se incomodar com o que está fora de seu controle."

— *Manual de Epiteto*, **Epiteto**

"Primeiro desejamos coisas supérfluas, nosso passo seguinte foi a maldade, e em conclusão entregamos nossas mentes aos nossos corpos, e assim nos tornamos escravos de nossos apetites, que antes eram nossos servos e agora são nossos senhores."

— *A vida feliz*, **Sêneca**

"A maior parte das coisas que nos perturbam é fruto da imaginação."

— *Cartas a Lucílio*, **Sêneca**

SÊNECA | EPITETO | MARCO AURÉLIO

"Qualquer pessoa que não esteja disposta a perdoar os outros destrói a ponte sobre a qual deve passar."

— *Meditações*, **Marco Aurélio**

"Não busques que os acontecimentos aconteçam como queres, mas quere que aconteçam como acontecem, e tua vida terá um curso sereno".

— *Manual de Epiteto*, **Epiteto**

"Os velhos não devem nem se apegar desesperadamente nem renunciar sem razão ao pouco de vida que lhes resta."

— *Saber envelhecer*, **Cícero**

" O homem deve viver sua vida de acordo com a natureza."

— *Meditações*, **Marco Aurélio**

"O universo é transformação; nossa vida é o que nossos pensamentos fazem dela."

— *Meditações*, **Marco Aurélio**

" Você descobrirá que tem menos anos do que os que contou de vida. Lembre-se de quando você já teve um propósito fixo; quantos dias se passaram como você planejou; quando você esteve sempre à sua disposição; quando seu rosto assumiu sua expressão natural; quando sua mente não foi perturbada; que trabalhos você realizou em uma vida tão longa; quantos saquearam sua vida enquanto você nem notava suas perdas; quanto você perdeu por meio da tristeza infundada, da alegria tola, dos desejos gananciosos, das seduções da sociedade; quão pouco do seu ser foi deixado para você. Você vai perceber que está morrendo prematuramente."

— *Sobre a brevidade da vida*, **Sêneca**

"A felicidade depende de nós mesmos."

— *Meditações*, **Marco Aurélio**

"Nenhum homem pode ser considerado perfeitamente feliz quando corre o risco da decepção: que é o caso de todo homem que teme ou espera alguma coisa."

— *A vida feliz,* **Sêneca**

" A mente que não se deixa perturbar é uma mente livre."

— *Sobre a tranquilidade da alma,* **Sêneca**

"Quem não sabe o que procura não entende o que encontra."

— *Cartas a Lucílio,* **Sêneca**

"Considere que aquele que não quer que o homem mau faça o mal, é semelhante ao homem que não quer que a figueira produza fruto nos figos, e que as crianças chorem, e o cavalo rinche, e tudo mais que deve ser por necessidade."

— *Meditações,* **Marco Aurélio**

365 ENSINAMENTOS DA FILOSOFIA ESTOICA

" Mostre-me um homem que não é um escravo; um é escravo da luxúria, outro da ganância, outro da ambição, e todos os homens são escravos do medo... Nenhuma servidão é mais vergonhosa do que aquela que é autoimposta."

– *Carta a Lucílio,* **Sêneca**

"Se as minhas riquezas me deixarem, não levarão consigo nada além de si mesmas: já vocês ficarão desnorteadas e parecerão ficar fora de si se as perderem: comigo as riquezas ocupam um certo lugar, mas com você elas ocupam lugar mais alto de todos. Em suma, minhas riquezas pertencem a mim, você pertence às suas riquezas."

– *A vida feliz,* **Sêneca**

"O único caminho para a liberdade é o desapego."

– *Manual de Epiteto,* **Epiteto**

SÊNECA | EPITETO | MARCO AURÉLIO

"O HOMEM SÁBIO É O QUE SE CONTENTA COM O QUE TEM."

— *Sobre a brevidade da vida,* Sêneca

"Reveja os dias de sua vida: você verá que muito poucos, os resíduos inúteis, foram deixados para você."

— *Sobre a brevidade da vida,* Sêneca

" Nossas mentes devem ser enviadas antecipadamente para atender a todos os problemas, e devemos considerar não o que costuma acontecer, mas o que pode acontecer. Pois o que há no mundo que a fortuna, quando ela quer, não derruba do alto da sua prosperidade? E o que é que ela não ataca mais violentamente quão mais brilhante é? O que é laborioso ou difícil para ela?"

— *Cartas a Lucílio,* Sêneca

365 ENSINAMENTOS DA FILOSOFIA ESTOICA

"Se algo é difícil para você, não pense que é impossível para o homem; mas se algo é possível para o homem e é próprio do homem, considere-o dentro de seu alcance."

— *Meditações*, **Marco Aurélio**

"Um touro se contenta com um prado, e uma floresta é o suficiente para mil elefantes; mas o pequeno corpo de um homem devora mais do que todas as outras criaturas vivas."

— *A vida feliz*, **Sêneca**

"A MENTE SERENA É A MENTE QUE SE CONCENTRA NO PRESENTE."

— *Sobre a tranquilidade da alma*, **Sêneca**

"O tempo cura o que a razão não consegue curar."

— *Cartas a Lucílio*, **Sêneca**

SÊNECA | EPITETO | MARCO AURÉLIO

"Não é a pobreza que louvamos, é o homem a quem a pobreza não pode humilhar ou dobrar. Nem é o exílio que louvamos, é o homem que se retira para o exílio no espírito em que teria enviado outro para o exílio. Não é a dor que louvamos, é o homem a quem a dor não coagiu."

— *Sobre envelhecer*, **Sêneca**

"A verdadeira força é ser sereno e imparcial."

— *Meditações*, **Marco Aurélio**

"Não comemos para saciar a fome, mas nossa ambição; estamos mortos enquanto estamos vivos, e nossas casas são tanto os nossos túmulos, que um homem poderia escrever nossos epitáfios em nossas próprias portas."

— *A vida feliz*, **Sêneca**

" O melhor remédio para a ira é o adiamento."

— *Sobre a ira*, **Sêneca**

"A RECOMPENSA DA AMIZADE É A PRÓPRIA AMIZADE."

– *Sobre a amizade,* **Cícero**

"Não há nada nosso senão o que damos a nós mesmos e do que temos uma posse certa e inexpugnável."

– *A vida feliz,* **Sêneca**

"Você está enganado se pensa que eu iria excluir da minha mesa certos escravos cujos deveres são mais humildes, como, por exemplo, aquele tratador de mulas ou outro pastor; proponho valorizá-los de acordo com seu caráter, e não de acordo com seus deveres. Cada homem adquire seu caráter por si mesmo, mas a fortuna atribui seus deveres."

– *Carta a Lucílio,* **Sêneca**

"A maior parte do que dizemos e pensamos não é necessária."

– *Meditações,* **Marco Aurélio**

SÊNECA | EPITETO | MARCO AURÉLIO

"Nenhum homem pode possuir todas as coisas, mas qualquer homem pode desprezá-las; e o desprezo pelas riquezas é o caminho mais próximo para obtê-las."

– *A vida feliz*, **Sêneca**

" Não espere que os eventos aconteçam como você deseja; decida desejá-los como eles ocorrem, e sua vida será tranquila."

– *A vida feliz*, **Sêneca**

"A verdadeira liberdade está em não depender de nada."

– *Manual de Epiteto*, **Epiteto**

"A vida não é sobre ter e obter, mas sobre ser e tornar-se."

– *Meditações*, **Marco Aurélio**

> "Viva entre os homens como se Deus os observasse, fale com Deus como se os homens estivessem ouvindo."

— *Cartas a Lucílio,* **Sêneca**

> "Quando um amigo quebra uma taça, dizemos rapidamente: 'Oh, muito chato, mas essas coisas acontecem'. Porém quando quebramos uma taça, ficamos aborrecidos. Precisamos aceitar o que nos acontece com o mesmo espírito que esperamos que os outros aceitem a sorte deles. Lembre-se de quão sabiamente você aceita quando outros enfrentam situações infelizes. Aplique a mesma sabedoria quando algo infeliz acontece com você. Aprenda a aceitar o que quer que aconteça."

— *Manual de Epiteto,* **Epiteto**

> " A adversidade é a pedra de toque da virtude."

— *Sobre a ira,* **Sêneca**

SÊNECA | EPITETO | MARCO AURÉLIO

"O VERDADEIRO PRAZER ESTÁ EM FAZER O BEM."

— *A vida feliz*, **Sêneca**

"Se você não é feliz com o que tem, não ficará feliz com o que deseja ter."

— *Meditações*, **Marco Aurélio**

" Não há nenhum vento favorável para o marinheiro que não sabe para onde ir."

— *Cartas a Lucílio*, **Sêneca**

"A maior bênção que podemos receber é sermos capazes de aceitar a realidade."

— *Sobre a brevidade da vida*, **Sêneca**

"A melhor vingança é ser diferente daquele que causou o dano."

— *Meditações*, **Marco Aurélio**

"Quando a mente é menos receptiva à instrução e não pode ser curada por meios mais brandos, por que não deveria ser ajudada tendo uma dose de pobreza, desgraça e ruína geral, obrigando-a a lidar com um mal de cada vez? Portanto, vamos nos acostumar a jantar sem uma massa de gente, a ser escravos de menos escravos, a adquirir roupas para seus próprios fins e a viver em aposentos mais restritos."

— *Sobre a brevidade da vida*, **Sêneca**

"O TEMPO É COMO UM RIO, SEMPRE FLUINDO E NÃO VOLTANDO."

— *Meditações*, **Marco Aurélio**

"O homem sábio é autossuficiente. No entanto, ele deseja amigos, vizinhos e associados, não importa o quanto ele seja suficiente para si mesmo. Nesse sentido, ele pode viver sem amigos, não que ele deseje viver sem eles. Quando eu digo 'pode', quero dizer isso: ele sofre a perda de um amigo com equanimidade."

— *Carta a Lucílio*, **Sêneca**

SÊNECA | EPITETO | MARCO AURÉLIO

"A sorte favorece a mente preparada."

– *Meditações*, **Marco Aurélio**

"Não há maior desgraça do que ser esquecido pela felicidade."

– *A vida feliz*, **Sêneca**

"A verdadeira felicidade não está na abundância de bens, mas na pouca necessidade."

– *Manual de Epiteto*, **Epiteto**.

"A serenidade está em realizar o que é certo e ser imperturbável com o resto."

– *Meditações*, **Marco Aurélio**

 365 ENSINAMENTOS DA FILOSOFIA ESTOICA

"Nada inspira o amor, nada concilia o afeto como a virtude. Porque, em certo sentido, podemos dizer que sentimos afeição até mesmo por homens que nunca vimos, devido à sua honestidade e virtude."

— *Sobre a amizade,* **Cícero**

" Não gaste mais tempo discutindo sobre o que um bom homem deveria ser. Seja um."

— *Meditações,* **Marco Aurélio**

"[...] em uma luta irada de ambos os lados, o melhor homem é aquele que primeiro cede; o vencedor é o verdadeiro perdedor. Ele bateu em você; bem, então, você recua: se você o atacar, você lhe dará oportunidade e desculpa para atacá-lo novamente: você não será capaz de se retirar da luta quando quiser."

— *Sobre a ira,* **Sêneca**.

"Não sonhe com as coisas que você não tem, mas reflita sobre as melhores bênçãos do que você tem."

— *Meditações,* **Marco Aurélio**

SÊNECA | EPITETO | MARCO AURÉLIO

"Não vivemos para nós mesmos, mas para os outros."

— *Sobre a brevidade da vida,* **Sêneca**

"O homem sábio é aquele que sabe onde está o seu lugar."

— *Cartas a Lucílio,* **Sêneca**

" Se é suportável, então suporte. Pare de reclamar."

— *Meditações,* **Marco Aurélio**

"O DESEJO E A FELICIDADE NÃO PODEM VIVER JUNTOS."

— *Manual de Epiteto,* **Epiteto**

"A mente, quando distraída, não absorve nada profundamente, mas rejeita tudo o que é, por assim dizer, enfiado para dentro dela. Viver é a atividade menos importante do homem preocupado; no entanto, não há nada mais difícil de aprender."

— *Sobre a brevidade da vida,* **Sêneca**

365 ENSINAMENTOS DA FILOSOFIA ESTOICA

" A única riqueza que você manterá para sempre é a riqueza que você deu."

— *Meditações*, **Marco Aurélio**

"O HOMEM É LIVRE NA MEDIDA EM QUE ACEITA SUA CONDIÇÃO DE SER MORTAL."

— *Cartas a Lucílio*, **Sêneca**

"A amizade pode ser assim definida: um acordo completo em todos os assuntos humanos e divinos, unido com boa vontade e afeição mútuas. E, com exceção da sabedoria, estou inclinado a pensar que nada melhor do que isso foi dado ao homem pelos deuses imortais."

— *Sobre a amizade*, **Cícero**

" Aceite com calma o que lhe é dado, e aja com coragem no que depende de você."

— *Meditações*, **Marco Aurélio**

SÊNECA | EPITETO | MARCO AURÉLIO

"Ninguém pode ser infeliz se decidir não ser."

— *Manual de Epiteto*, **Epiteto**

"Devemos também nos isolar muito em nós mesmos; pois associar-se com pessoas diferentes de nós perturba uma disposição calma, desperta novamente as paixões e piora qualquer fraqueza mental que não tenha sido completamente curada."

— *Sobre a brevidade da vida*, **Sêneca**

"O que perturba os homens não são as coisas, mas a opinião que têm delas."

— *Manual de Epiteto*, **Epiteto**

" Escolha um mestre cuja vida, discurso e expressão o tenham satisfeito; imagine-o sempre para si mesmo como seu protetor ou seu exemplo. Pois precisamos ter alguém segundo o qual podemos ajustar nossas características; você nunca pode endireitar o que é torto a menos que você use uma régua."

— *Cartas a Lucílio*, **Sêneca**

365 ENSINAMENTOS DA FILOSOFIA ESTOICA

"Tenha em mente também que merece o melhor da raça humana aquele que ri dela, do que aquele que sofre por ela; já que o primeiro permite uma perspectiva justa de esperança, enquanto o outro lamenta estupidamente sobre coisas que ele não pode esperar que sejam corrigidas."

— *Sobre a brevidade da vida*, **Sêneca**

" É uma tarefa difícil encontrar a felicidade dentro de si mesmo, mas é impossível encontrá-la em qualquer outro lugar."

— *Meditações*, **Marco Aurélio**

"A felicidade não é alcançada pela busca dos prazeres, mas na remoção dos sofrimentos."

— *Sobre a felicidade*, **Sêneca**

"Cada um de nós vive apenas agora, este breve instante; o resto já foi vivido, ou é impossível de se ver."

— *Meditações*, **Marco Aurélio**

SÊNECA | EPITETO | MARCO AURÉLIO

" Não esperes que os eventos aconteçam como desejas; decide desejá-los como ocorrem, e tua vida será serena."

— *Manual de Epiteto*, **Epiteto**

"Não há vento favorável para o marinheiro que não sabe para onde ir."

— *Cartas a Lucílio*, **Sêneca**

"Nunca é cedo demais para nos disciplinarmos."

— *Sobre a brevidade da vida*, **Sêneca**

"AQUELE QUE TEME A MORTE TERÁ MEDO DA PRÓPRIA VIDA."

— *Meditações*, **Marco Aurélio**

"Qual é o fim da ambição e da avareza quando, na melhor das hipóteses, somos apenas mordomos do que falsamente chamamos de nosso?"

— *A vida feliz*, **Sêneca**

"A AMIZADE É UMA UNANIMIDADE NAS COISAS DIVINAS E HUMANAS E SE FAZ ACOMPANHAR DE AFETO E BENEVOLÊNCIA."

– *Sobre a amizade,* Cícero

"As coisas que nos preocupam são extremamente pequenas em comparação com aquelas que não nos preocupam."

– *Cartas a Lucílio,* Sêneca

"O homem sábio deve considerar que a sua razão é apenas uma gota no oceano da verdade."

– *Cartas a Lucílio,* Sêneca

" A vida sem amigos não vale a pena viver."

– *Sobre a amizade,* Cícero

SÊNECA | EPITETO | MARCO AURÉLIO

"Há também outra fonte não desprezível de ansiedade, se você está preocupado demais em assumir uma posição e não se revelar abertamente a ninguém, como muitas pessoas cujas vidas são falsas e voltadas apenas para a exibição exterior. Pois é angustiante estar sempre observando a si mesmo com medo de ser pego quando sua máscara costumeira cair."

— *Sobre a brevidade da vida,* **Sêneca**

"A avareza não apenas nos torna infelizes, mas maléficos para a humanidade."

— *A vida feliz,* **Sêneca**

"Seja como a rocha contra a qual as ondas se quebram, permanecendo firme."

— *Meditações,* **Marco Aurélio**

"LIVRA-ME DA SUPERSTIÇÃO DE TOMAR AS COISAS QUE SÃO LEVES E VÃS COMO FELICIDADES."

— *A vida feliz,* **Sêneca**

"A amizade torna a prosperidade mais brilhante e ilumina a adversidade, por dividi-la e compartilhá-la."

– *Sobre a amizade,* Cícero

"Não podemos escolher o que nos acontece, mas podemos escolher como responder."

– *Manual de Epiteto,* Epiteto

" A virtude não precisa de aplausos; ela se basta a si mesma."

– *Sobre a brevidade da vida,* Sêneca

"Não há nada mais gratificante do que o afeto correspondido, nada mais perfeito do que a reciprocidade de gostos e a troca de atenções."

– *Sobre a amizade,* Cícero

SÊNECA | EPITETO | MARCO AURÉLIO

"A maior parte das pessoas está ocupada com coisas que não são necessárias."

– *Sobre a tranquilidade da alma,* **Sêneca**

" A maior parte do que dizemos e pensamos não é necessário."

– *Meditações,* **Marco Aurélio**

"Ninguém é tão desafortunado que não possa escolher ser feliz."

– *Cartas a Lucílio,* **Sêneca**

"O acaso tem assim, necessariamente, muito peso na nossa vida, porque nós vivemos ao acaso, sem objetivos."

– *Cartas a Lucílio,* **Sêneca**

"A verdadeira felicidade é desfrutar do presente, sem dependência ansiosa do futuro."

– *Sobre a brevidade da vida,* **Sêneca**

"A FELICIDADE É UMA ALMA LIVRE, ELEVADA, INTRÉPIDA E CONSTANTE."

— *A vida feliz*, **Sêneca**

"O tempo real que você tem, que a razão pode prolongar, embora ele naturalmente passe muito depressa, escapa também rapidamente de você de maneira inevitável: pois você não consegue agarrar ou o segurar ou tentar atrasar a mais rápida de todas as coisas, mas você a deixa escapar como se fosse algo supérfluo e substituível."

— *Sobre a brevidade da vida*, **Sêneca**

"Em dias de paz, o soldado executa manobras, lança obras de terraplenagem sem inimigo à vista e se exercita, a fim de se tornar indiferente à labuta inevitável. Se você não quer que um homem recue quando a crise chegar, treine-o antes que ela chegue."

— *Carta a Lucílio*, **Sêneca**

SÊNECA | EPITETO | MARCO AURÉLIO

"A ira traz dor a um pai, o divórcio a um marido, o ódio a um magistrado, o fracasso ao candidato a cargo público. É pior do que a luxuria, porque a luxúria goza de seu próprio prazer, enquanto a ira goza da dor do outro."

— *Sobre a ira*, **Sêneca**

"Cada um de nós só pode viver a própria vida, o que temos agora."

— *Meditações*, **Marco Aurélio**

"Todas aquelas coisas que perseguimos com tanto perigo e derramamento de sangue, tanto para guardar como para obter, pelas quais quebramos a fé e desfazemos amizades, o que são elas senão meros depósitos do destino?"

— *A vida feliz*, **Sêneca**

"TUDO O QUE É BELO É BELO EM SI MESMO, SEM NECESSIDADE DE OBSERVADORES."

— *Meditações*, **Marco Aurélio**

365 ENSINAMENTOS DA FILOSOFIA ESTOICA

"Para começar, como pode valer a pena viver, para usar as palavras de Ênio, quando falta aquele repouso que se encontra na boa vontade mútua de um amigo?"

– *Sobre a amizade,* Cícero

" A mente serena é o maior tesouro que se pode possuir."

– *Sobre a tranquilidade da alma,* Sêneca

"NÃO SE DEIXE LEVAR PELA RAIVA OU PELO DESESPERO."

– *Meditações,* Marco Aurélio

"É completamente impossível unir a felicidade com um anseio pelo que não temos. A felicidade tem tudo o que ela quer, e que se assemelha ao bem alimentado, não deve haver nele qualquer fome ou sede."

– *Discursos,* Epiteto

"Mantenha-se afastado da vaidade e do egoísmo."

– *Meditações,* Marco Aurélio

SÊNECA | EPITETO | MARCO AURÉLIO

"A maior parte dos homens, mesmo quando acham o caminho, não têm a força para segui-lo."

— *A vida feliz*, **Sêneca**

"O arqueiro deve saber o que ele está tentando atingir, então deve apontar e controlar a arma por sua habilidade. Nossos planos malogram porque não têm objetivo."

— *Cartas a Lucílio*, **Sêneca**

"Dizem que um certo filósofo de Agrigento, em um poema grego, pronunciou com a autoridade de um oráculo a doutrina de que tudo o que era imutável na natureza e no universo, o seria em virtude da força vinculante da amizade; tudo o que era mutável, o seria pelo poder solvente da discórdia. E, de fato, essa é uma verdade que todos entendem e praticamente atestam por experiência. Pois se qualquer exemplo marcante de amizade leal em confrontar ou compartilhar o perigo vem à tona, todos o aplaudem com entusiasmo."

— *Sobre a amizade*, **Cícero**

365 ENSINAMENTOS DA FILOSOFIA ESTOICA

"*O homem sábio é aquele que não se entristece por aquilo que não tem, mas rejubila-se com o que tem.*"

— *Manual de Epiteto,* **Epiteto**

"CADA DIA É UMA NOVA VIDA."

— *Meditações,* **Marco Aurélio**

" O homem que não sabe governar a si mesmo não saberá governar os outros."

— *Sobre a ira,* **Sêneca**

"A riqueza não consiste na abundância de bens, mas na pouca necessidade."

— *Manual de Epiteto,* **Epiteto**

"*Não é a felicidade que nos torna gratos, mas a gratidão que nos torna felizes.*"

— *A vida feliz,* **Sêneca**

SÊNECA | EPITETO | MARCO AURÉLIO

"Grandes e numerosas como são as bênçãos da amizade, esta certamente é a soberana, que nos dá esperanças brilhantes para o futuro e impede a fraqueza e o desespero. Diante de um verdadeiro amigo, um homem vê como se este fosse um segundo eu."

– *Sobre a amizade,* Cícero

"A TRANQUILIDADE DA ALMA É O OBJETIVO FINAL DE TODAS AS NOSSAS AÇÕES."

– *Sobre a tranquilidade da alma,* Sêneca

"A felicidade é um bem interior; não depende de dinheiro ou fama."

– *Meditações,* Marco Aurélio.

"Embora a idade não precise ser um fardo, como me lembro de Catão discutindo na minha presença e de Cipião dois anos antes de morrer, ela não deixou de diminuir o vigor e o frescor de que Cipião ainda estava desfrutando. Podemos concluir, portanto, que sua vida, pela boa sorte que o acompanhou e pela glória que obteve, foi tão circunstancial que não poderia ser melhorada, enquanto a rapidez de sua morte o salvou da sensação de estar em processo de término da vida."

— *Saber envelhecer*, Cícero

"A alma feliz é aquela que repousa em suas próprias virtudes."

— *A vida feliz*, Sêneca

"VOCÊ TEM PODER SOBRE SUA MENTE, NÃO SOBRE EVENTOS EXTERNOS. PERCEBA ISSO E ENCONTRARÁ FORÇA."

— *Meditações*, Marco Aurélio

SÊNECA | EPITETO | MARCO AURÉLIO

"Alguns de meus vícios são tão expostos, exibidos tão abertamente, que posso tocá-los, alguns são mais ocultos, espreitam de um canto, alguns nem sempre estão presentes, mas recorrem de tempos em tempos; e devo dizer que os últimos são, de longe, os mais problemáticos, como inimigos errantes que saltam sobre o alvo quando a oportunidade se apresenta, e não permitem nem que ele esteja preparado como na guerra, nem que fique relaxado como em tempos de paz."

— *Cartas a Lucílio*, **Sêneca**

"Reconhece-se o amigo certo numa situação incerta."

— *Sobre a amizade*, **Cícero**

" Ninguém pode perder outro sem ser afetado."

— *Cartas a Lucílio*, **Sêneca**

"Apenas o homem honesto é livre, mesmo que seja escravo."

— *Sobre a ira*, **Sêneca**

"Tudo o que ouvimos é uma opinião, não um fato. Tudo o que vemos é uma perspectiva, não a verdade."

– Meditações, **Marco Aurélio**

" A felicidade é o bem-estar da alma, não a riqueza ou o status social."

– A vida feliz, **Sêneca**

"Devemos cuidar de nossa saúde, fazer exercícios moderados, comer e beber apenas o suficiente para manter, mas não sobrecarregar, nossas forças. Não é apenas o corpo que deve ser sustentado, mas o intelecto e a alma muito mais."

– Saber envelhecer, **Cícero**

"O que não é bom para a colmeia, não é bom para a abelha."

– Meditações, **Marco Aurélio**

"A vida feliz é a vida conforme à natureza, que sabe como desfrutar o momento presente."

– A vida feliz, **Sêneca**

SÊNECA | EPITETO | MARCO AURÉLIO

" Aprender a viver exige uma vida inteira, e, o que pode surpreendê-lo mais, é preciso uma vida inteira para aprender a morrer."

– *Sobre a brevidade da vida,* **Sêneca**

"Despreze todas as coisas que brilham exteriormente e que são oferecidas a você ou a qualquer outro; olhe para o verdadeiro bem e alegre-se apenas naquilo que vem de seu depósito. E o que quero dizer com 'seu depósito'? Quero dizer de seu próprio eu, que é a melhor parte de você. Nada externo. O corpo frágil, embora não consigamos fazer nada sem ele, também deve ser considerado apenas necessário, e não tão importante; envolve-nos em prazeres fúteis, de curta duração, que logo serão lamentados."

– *A vida feliz,* **Sêneca**

365 ENSINAMENTOS DA FILOSOFIA ESTOICA

"O prazer dos banquetes não está na abundância dos pratos, e sim na reunião dos amigos e na conversação."

— *Sobre a amizade*, Cícero

"PERDER A VIDA NÃO É NADA; MAS É TERRÍVEL DESPERDIÇAR O TEMPO."

— *Meditações*, Marco Aurélio

"Nenhuma coisa boa é agradável de possuir sem amigos para compartilhá-la."

— *Cartas a Lucílio*, Sêneca

" A consciência limpa é a almofada mais suave para um homem."

— *Sobre a ira*, Sêneca

SÊNECA | EPITETO | MARCO AURÉLIO

"Suponha que um deus o leve para longe, para um lugar onde lhe foi concedida uma abundância de todo bem material da natureza, mas lhe negue a possibilidade de alguma vez ver um ser humano. Quem teria a alma suficientemente temperada para suportar esse gênero de vida, e para evitar que a solidão retirasse de seus prazeres todo o seu sabor?"

– *Sobre a amizade,* **Cícero**

" Lembre-se de que muito pouco é necessário para fazer uma vida feliz."

– *Meditações,* **Marco Aurélio**

"O TEMPO REVELA A VERDADE."

– *Sobre a brevidade da vida,* **Sêneca**

365 ENSINAMENTOS DA FILOSOFIA ESTOICA

" Não é apenas o corpo que deve ser sustentado, mas o intelecto e a alma muito mais. Pois eles são como lâmpadas: a menos que os alimente com óleo, eles também envelhecem. Novamente, o corpo tende a ficar forte com o exercício; mas o intelecto se torna mais ágil ao se exercitar."

— *Saber envelhecer,* **Cícero**

"LEMBRE-SE SEMPRE DE QUE TUDO DEPENDE DE COMO VOCÊ INTERPRETA AS COISAS."

— *Meditações,* **Marco Aurélio**

"A felicidade consiste em querer ser o que você é."

— *A vida feliz,* **Sêneca**

SÊNECA | EPITETO | MARCO AURÉLIO

"Existirá algo mais agradável do que ter alguém com quem falar de tudo como se estivéssemos falando conosco mesmos?"

— *Sobre a amizade*, **Cícero**

" Perdemos o apetite de viver quando nossas paixões são saciadas."

— *Saber envelhecer*, **Cícero**

"É uma coisa tola ser infeliz de antemão com medo da infelicidade que está por vir; pois um homem perde o presente, do qual ele pode desfrutar, na expectativa do futuro: não, o medo de perder algo é tão ruim quanto a própria perda."

— *A vida feliz*, **Sêneca**

"Encontre refúgio na tranquilidade da mente."

— *Meditações*, **Marco Aurélio**

"Você sentiria pena de algumas pessoas que vê correndo como se para apagar algum incêndio; muitas vezes elas se chocam com aqueles em seu caminho e se espatifam com os outros, quando todo o tempo eles corriam para chamar alguém que não retornava o seu chamado, ou para comparecer ao funeral de alguém que eles não conheciam [...] Eles então voltam para casa, exaustos, sem propósito, jurando que eles próprios não sabem por que saíram ou por onde estiveram, e no dia seguinte eles vão vagar na mesma velha rotina."

— *Sobre a brevidade da vida*, **Sêneca**

"A verdadeira força interior é permanecer calmo e sereno em todas as circunstâncias."

— *Meditações*, **Marco Aurélio**

"A verdadeira felicidade está em gostar da sua própria companhia."

— *Da tranquilidade da alma*, **Sêneca**

SÊNECA | EPITETO | MARCO AURÉLIO

"A VIDA É COMO UMA PEÇA DE TEATRO: NÃO IMPORTA QUANTO TEMPO DURE, MAS SIM QUÃO BEM ELA É REPRESENTADA."

— *Sobre a brevidade da vida,* Sêneca.

"Ninguém é assim tão velho que não acredite que poderá viver por mais um ano."

— *Saber envelhecer,* Cícero

" Assim como gosto do jovem que tem dentro de si algo do velho, gosto do velho que tem dentro de si algo do jovem: quem segue essa norma poderá ser velho no corpo, mas na alma não o será jamais."

— *Saber envelhecer,* Cícero

 365 ENSINAMENTOS DA FILOSOFIA ESTOICA

"Não há nada que temamos, que seja tão certo de acontecer, como é certo que muitas coisas que tememos não acontecerão; mas relutamos em nos opor à nossa credulidade quando ela começa a nos movimentar e, assim, colocar nosso medo à prova."

— *A vida feliz*, **Sêneca**

" O homem que dedica todo o seu tempo às próprias necessidades, que organiza cada dia como se fosse o último, não anseia nem teme o dia seguinte."

— *Sobre a brevidade da vida*, **Sêneca**

"Se aqueles que correm loucos por riqueza e honra pudessem apenas olhar no coração daqueles que já ganharam esses atributos, como se assustariam ao ver aquelas preocupações e crimes hediondos que aguardam pela grandeza ambiciosa: todas aquelas aquisições que deslumbram os olhos do vulgar são apenas falsos prazeres, escorregadios e incertos."

— *A vida feliz*, **Sêneca**

SÊNECA | EPITETO | MARCO AURÉLIO

"Feliz é o homem que pode fazer os outros melhores, não apenas quando ele está em sua companhia, mas mesmo quando ele está em seus pensamentos!
E feliz também é aquele que pode assim reverenciar um homem! Aquele que pode reverenciar a outro, logo se tornará digno de reverência."

— *Cartas a Lucílio*, **Sêneca**

"Tudo o que acontece, acontece como deveria, e se você observar com cuidado, verá que é assim."

— *Meditações*, **Marco Aurélio**

"O MAIOR OBSTÁCULO À VIDA É A EXPECTATIVA, QUE DEPENDE DO AMANHÃ E DESPERDIÇA O HOJE."

— *Sobre a brevidade da vida*, **Sêneca**

" A alma se tinge com a cor de seus pensamentos."

— *Meditações*, **Marco Aurélio**

"Ninguém mantém a morte em vista, ninguém se abstém de esperanças que parecem longe no futuro; na verdade, algumas pessoas até mesmo organizam coisas que estão além da vida, como tumbas enormes, dedicatórias em prédios públicos, shows para seus funerais e enterros ostentosos. Mas, na verdade, os funerais dessas pessoas deveriam ser conduzidos com tochas e velas de cera, como se tivessem vivido a mais curta das vidas."

— Sobre a brevidade da vida, **Sêneca**

" Tudo o que precisamos está dentro de nós mesmos."

— Meditações, **Marco Aurélio**

"A ambição aspira de coisas grandes a coisas maiores; e propõe ações até mesmo impossíveis, quando uma vez já chegou a conquistas além da expectativa. É uma espécie de edema; quanto mais um homem bebe, mais ele cobiça."

— A vida feliz, **Sêneca**

SÊNECA | EPITETO | MARCO AURÉLIO

"O destino conduz aquele que aceita,
mas arrasta aquele que resistir."

– *Sobre a brevidade da vida,* **Sêneca**

"Aceitemos a doutrina de que a sensação de amor e o calor da disposição têm sua origem em um sentimento espontâneo, que eleva imediatamente a presença da integridade."

– *Sobre a amizade,* **Cícero**

" A felicidade depende de nós mesmos."

– *Manual de Epiteto,* **Epiteto**

"Não somos importantes para o mundo.
Somos importantes para nós mesmos."

– *Manual de Epiteto,* **Epiteto**

"O que realmente importa não é o que acontece conosco, mas como reagimos ao que acontece."

– *Cartas a Lucílio,* **Sêneca**

"QUEM SOFRE ANTES DO NECESSÁRIO SOFRE MAIS QUE O NECESSÁRIO."

– Sobre a brevidade da vida, **Sêneca**

"Não é o homem que tem pouco que é pobre, mas o que deseja mais."

– Manual de Epiteto, **Epiteto**

"São paixões que olham para a frente e estão sempre preocupadas com o futuro; apenas a esperança é a fraqueza mais plausível das duas, que na verdade, no geral, são inseparáveis; pois um não pode existir sem o outro: mas onde a esperança é mais forte do que o medo, ou o medo é mais forte do que a esperança, chamamos de um ou de outro; pois sem medo não haveria mais esperança, mas certeza; porque sem esperança não haveria mais medo, mas desespero."

– A vida feliz, **Sêneca**

"Não vivemos com muita razão, mas com muita sorte."

– Cartas a Lucílio, **Sêneca**

"Não é o homem que deve estar em harmonia com o universo, mas sim o universo que deve estar em harmonia consigo mesmo."

— *Meditações*, **Marco Aurélio**

"A natureza nos deu dois ouvidos, mas apenas uma boca, para que possamos ouvir mais e falar menos."

— *Sobre a brevidade da vida*, **Sêneca**

" Não é o homem que tem pouco, mas sim aquele que deseja mais."

— *Cartas a Lucílio*, **Sêneca**

"A MORTE NÃO NOS ASSUSTA; É A IDEIA DA MORTE QUE NOS ATERRORIZA."

— *Sobre a brevidade da vida*, **Sêneca**

365 ENSINAMENTOS DA FILOSOFIA ESTOICA

"QUEM NÃO ESTÁ CONTENTE COM O QUE TEM, NÃO SERÁ CONTENTE COM O QUE GOSTARIA DE TER."

— *Sobre a brevidade da vida*, **Sêneca**

"Quem é sábio não é aquele que sabe muitas coisas, mas aquele que vê a verdade em tudo."

— *Manual de Epiteto*, **Epiteto**

"Aquele que deseja se livrar de todas as apreensões do futuro, deixe-o primeiro assumir como certo que todos os medos cairão sobre ele; e então examine e meça o mal que ele teme, que ele descobrirá não ser grande nem longo."

— *A vida feliz*, **Sêneca**

"O maior bem que se pode ter é a satisfação com o que se tem."

— *Sobre a tranquilidade da alma*, **Sêneca**

SÊNECA | EPITETO | MARCO AURÉLIO

" O desejo é a fonte de todas as inquietações."

— *Sobre a tranquilidade da alma,* Sêneca

"Você está discutindo o que está sob o controle do destino e abandonando o que está sob seu controle. O que você está observando? Para qual objetivo você está se esforçando?"

— *Sobre a brevidade da vida,* Sêneca

"Você deve combinar a rapidez do tempo com sua rapidez em usá-lo e deve beber dele rapidamente como se fosse de um riacho correndo, mas que nem sempre fluirá."

— *Sobre a brevidade da vida,* Sêneca

"OS PREOCUPADOS ACHAM A VIDA MUITO CURTA."

— *Sobre a brevidade da vida,* Sêneca

365 ENSINAMENTOS DA FILOSOFIA ESTOICA

"Aceite de bom grado as coisas que o destino lhe traz."

— *Meditações*, **Marco Aurélio**

"A vida é dividida em três períodos: passado, presente e futuro. Destes, o presente é curto, o futuro é duvidoso, e o passado é certo. Pois este último é aquele sobre o qual o destino perdeu seu poder, que não pode ser trazido de volta ao controle de ninguém."

— *Sobre a brevidade da vida*, **Sêneca**

"Não espere que os outros aprovem todas as suas ações. Se você fizer isso, será um escravo de suas opiniões."

— *A vida feliz*, **Sêneca**

"O homem que deve temer a própria memória é aquele que foi ambicioso em sua ganância, arrogante em seu desprezo, descontrolado em suas vitórias, traiçoeiro em seus enganos, voraz em seus saques e perdulário em seu esbanjamento."

— *Sobre a brevidade da vida*, **Sêneca**

SÊNECA | EPITETO | MARCO AURÉLIO

"A VERDADEIRA ALEGRIA ESTÁ EM FAZER O BEM."

— *Meditações*, **Marco Aurélio**

"A mente tranquila e livre de preocupações pode vagar por todas as etapas de sua vida; a mente dos preocupados é como se estivesse amarrada a um jugo, não pode se virar e olhar para trás."

— *Sobre a brevidade da vida*, **Sêneca**

"O tempo atual é extremamente curto, tanto que algumas pessoas não sabem disso. Pois ele está sempre em movimento, fluindo com pressa; cessa antes de chegar e não sofre mais atraso do que o firmamento ou as estrelas, cujo movimento incessante nunca para no mesmo lugar."

— *Sobre a brevidade da vida*, **Sêneca**

365 ENSINAMENTOS DA FILOSOFIA ESTOICA

" A vida é como um jogo: primeiro aprendemos a jogar, depois jogamos com habilidade."

— *Manual de Epiteto*, **Epiteto**

"Podemos nos livrar da maioria dos pecados, se tivermos uma testemunha que esteja perto de nós quando estivermos propensos a fazer algo errado."

— *Cartas a Lucílio*, **Sêneca**

"A vida é muito curta e ansiosa para aqueles que esquecem o passado, negligenciam o presente e temem o futuro."

— *Sobre a brevidade da vida*, **Sêneca**

"Sempre haverá motivos para ansiedade, seja devido à prosperidade, seja devido à miséria. A vida será regida por uma sucessão de preocupações: sempre desejaremos o lazer, mas nunca o desfrutaremos."

— *Sobre a brevidade da vida*, **Sêneca**

SÊNECA | EPITETO | MARCO AURÉLIO

" [...] estaria eu aconselhando você a ter um coração duro, desejando que você mantenha seu semblante imóvel na cerimônia fúnebre, e não permitindo que sua alma sinta mesmo uma pitada de dor? De modo algum. Isso significaria insensibilidade e não virtude."

– *Carta a Lucílio*, **Sêneca**

"O estado de todos os que estão preocupados é miserável, mas os mais miseráveis são aqueles que não estão trabalhando nem mesmo em suas próprias preocupações [...]. Se essas pessoas quiserem saber o quão curta é sua vida, deixe-as refletir o quão pequena é a parte delas na vida."

– *Sobre a brevidade da vida*, **Sêneca**

"Magoa-me, sim, estar privado de um amigo. Segundo penso, jamais haverá outro igual e isso posso testemunhar. Nem por isso careço de remédio. Eu mesmo me consolo com o melhor dos confortos, a saber, fugindo do erro comum que costuma exacerbar a perda dos amigos. Eu penso assim: Nada de mal aconteceu a Cipião. Se algo ruim ocorreu, foi em relação a mim. Ora, angustiar-se em excesso com os próprios incômodos não é próprio de amigo, e sim de egoísta."

— *Sobre a amizade,* Cicero

"A HISTÓRIA É TESTEMUNHA DO PASSADO, LUZ DA VERDADE, VIDA DA MEMÓRIA, MESTRA DA VIDA, ANUNCIADORA DOS TEMPOS ANTIGOS."

— *De oratore II,* Cicero

SÊNECA | EPITETO | MARCO AURÉLIO

"Os bens externos são de importância trivial e sem muita influência em qualquer direção: a prosperidade não eleva o sábio, e a adversidade não o deprime. Pois ele sempre fez o esforço de confiar tanto quanto possível em si mesmo e obter todo prazer de si mesmo."

— *Sobre a brevidade da vida,* Sêneca

"Existem alguns homens que a escravidão mantém presos, mas há muitos mais que se apegam à escravidão."

— *Carta a Lucílio,* Sêneca

"Nenhum homem foi destruído pelos golpes do destino, a menos que primeiro tenha sido enganado pelos favores dele. Aqueles que amaram seus bens como se fossem seus para sempre, que queriam ser afetados por causa deles, são abatidos e lamentam quando os prazeres falsos e transitórios abandonam suas mentes vãs e infantis, ignorantes de todo prazer estável."

— *Sobre a brevidade da vida,* Sêneca

365 ENSINAMENTOS DA FILOSOFIA ESTOICA

" O homem que não se deixa perturbar pelas adversidades é verdadeiramente feliz."

– *Sobre a tranquilidade da alma,* **Sêneca**

"Por isso incito-lhe a procurar refúgio onde todos os que procuram conforto para suas mágoas deviam refugiar--se: nos estudos da filosofia. Oh! se meu pai, que era o melhor dos homens, mas estava demasiadamente preso aos costumes dos antepassados, tivesse desejado que você fosse ensinada em vez de informada somente dos preceitos da sabedoria!"

– *Cartas a Lucílio* [Consolação a Minha Mãe Hélvia], **Sêneca**

"AME APENAS O QUE CAI SOBRE VOCÊ E É TRANÇADO PELA TRAMA DO DESTINO."

– *Meditações,* **Marco Aurélio**

SÊNECA | EPITETO | MARCO AURÉLIO

"É sinal de incapacidade ocupar-se excessivamente com as coisas do corpo, tal como se exercitar muito, correr muito, beber muito, sair constantemente para aliviar-se, fazer sexo em demasia. É preciso fazer essas coisas como algo secundário: que a atenção esteja toda voltada para o pensamento."

– *Manual de Epiteto*, **Epiteto**

"O sábio é aquele que sabe como usar as coisas e não como ser usado por elas."

– *Cartas a Lucílio*, **Sêneca**

"A sabedoria é a fonte da tranquilidade."

– *Sobre a tranquilidade da alma*, **Sêneca**

" Se você tiver a força para lidar com qualquer um dos aspectos do infortúnio, você pode lidar com todos."

– *Sobre a brevidade da vida*, **Sêneca**

365 ENSINAMENTOS DA FILOSOFIA ESTOICA

"NÃO SE DEIXE LEVAR PELO DESEJO DE MAIS DO QUE VOCÊ PRECISA."

— *Meditações*, Marco Aurélio

"Quanto mais duras forem essas circunstâncias, maior será a coragem que você deve reunir e mais ferozmente deve lutar, como com um inimigo que você já conhece e que derrotou com alguma frequência."

— *Sobre a brevidade da vida*, Sêneca

" O silêncio e a solidão são necessários para a reflexão."

— *Sobre a tranquilidade da alma*, Sêneca

"Cada um de nós é uma pequena parte do todo."

— *Meditações*, Marco Aurélio

SÊNECA | EPITETO | MARCO AURÉLIO

"[...] melhor vencer nossa dor do que enganá-la. Pois se ela foi retirada, sendo meramente seduzida por prazeres e preocupações, ela recomeça, e a partir da sua própria pausa ganha força para nos ferir. Mas a dor que foi vencida pela razão se acalma para sempre."

— *Sobre a brevidade da vida*, **Sêneca**

"A TRANQUILIDADE É A CONSEQUÊNCIA DE UMA VIDA BEM VIVIDA."

— *Sobre a tranquilidade da alma*, **Sêneca**

"Suponha que eu proíba você de mostrar emoção. Há certos sentimentos que reivindicam seus direitos próprios. As lágrimas caem, não importa como tentamos controlá-las, e, sendo derramadas, aliviam a alma. O que, então, devemos fazer? Deixe-nos permitir que caiam, mas não a ordenemo-las a fazê-lo; deixe-as, de acordo com a emoção, inundar os nossos olhos, mas não como a mera atuação."

— *Carta a Lucílio*, **Sêneca**

365 ENSINAMENTOS DA FILOSOFIA ESTOICA

" O contentamento é a
verdadeira riqueza."

— *Sobre a tranquilidade da alma,* **Sêneca**

" Concentre-se em você mesmo
e não na crítica dos outros."

— *Meditações,* **Marco Aurélio**

"Aqueles que trabalham para causar
uma boa impressão, buscando alto nível
e uma reputação de eloquência, e tudo
o que depende da aprovação dos outros,
levam tempo para amadurecer. Tanto
aqueles que oferecem força real quanto
aqueles que são enganados em algum tipo
de corante visando à popularidade têm de
esperar anos até que a passagem do tempo
produza gradualmente suas cores."

— *Sobre a brevidade da vida,* **Sêneca**

SÊNECA | EPITETO | MARCO AURÉLIO

"AS PESSOAS NÃO SÃO PERTURBADAS POR COISAS, MAS PELA VISÃO QUE ELAS TÊM DELAS."

— *Manual de Epiteto*, **Epiteto**

" A paz interior é o resultado de uma vida virtuosa."

— *Sobre a tranquilidade da alma*, **Sêneca**

"Quando você se levantar pela manhã, pense em que precioso privilégio é estar vivo – respirar, pensar, desfrutar, amar."

— *Meditações*, **Marco Aurélio**

"Por quanto tempo iremos cobiçar e oprimir, aumentar nossas posses e contabilizar isso como muito pouco para um homem, o que antes era suficiente para uma nação? E nossa luxúria é tão insaciável quanto nossa avareza."

— *A vida feliz*, **Sêneca**

365 ENSINAMENTOS DA FILOSOFIA ESTOICA

"A própria terra está sobrecarregada com nossos edifícios; nem um rio, nem uma montanha nos escapa. Oh, se houvesse tais desejos ilimitados em nossos pequenos corpos! Não nos serviriam menos alojamentos? Nós nos acomodamos apenas em um, e, onde não estamos, isso não é propriamente nosso"

— *A vida feliz,* **Sêneca**

"Viva uma boa vida. Se existem deuses e eles são justos, então não se importarão com o quão devoto você foi, mas o receberão baseado nas virtudes pelas quais viveu."

— *Meditações,* **Marco Aurélio**

" A calma é a virtude dos fortes."

— *Sobre a tranquilidade da alma,* **Sêneca**

"Não são as coisas que nos perturbam, mas as opiniões que temos sobre as coisas."

— *Manual de Epiteto,* **Epiteto**

"Nossa luxúria nos torna insolentes e loucos."

– *A vida feliz*, **Sêneca**

"Existem mais coisas, Lucílio, suscetíveis de nos assustar do que existem de nos derrotar; sofremos mais na imaginação do que na realidade. [...] O que eu aconselho você a fazer é não ser infeliz antes que a crise chegue; já que pode ser que os perigos que o empalidecem como se estivessem o ameaçando agora nunca cheguem sobre você; eles certamente ainda não chegaram."

– *Cartas a Lucílio*, **Sêneca**

" Só se deve temer a perda do que não é verdadeiramente nosso."

– *Manual de Epiteto*, **Epiteto**

"A VERDADEIRA LIBERDADE É ESTAR LIVRE DE PAIXÕES."

– *Sobre a tranquilidade da alma*, **Sêneca**

> ## "A AMIZADE, POR SUA NATUREZA, NÃO ADMITE FINGIMENTO NEM PRETENSÃO: ATÉ ONDE VAI, É GENUÍNA E ESPONTÂNEA."

— *Sobre a amizade*, **Cícero**

> ## "O nosso nascimento, a natureza nos tornou ensináveis, e nos deu razão, senão perfeita, capaz de ser aperfeiçoada."

— *Cartas a Lucílio*, **Sêneca**

"Dediquei-me a restringir minha vida dentro de suas paredes dizendo: 'Ninguém me roube um único dia que não me traga um retorno adequado por tal perda. Que minha mente se fixe em si mesma, se cultive, não tenha nenhum interesse externo, nada que busque a aprovação de outro; que estimule a tranquilidade que não tem parte nos interesses públicos ou privados'."

— *Sobre a brevidade da vida*, **Sêneca**

SÊNECA | EPITETO | MARCO AURÉLIO

"ESCOLHA NÃO SER PREJUDICADO – E VOCÊ NÃO SE SENTIRÁ PREJUDICADO. NÃO SE SINTA PREJUDICADO – E VOCÊ NÃO FOI."

— *Meditações,* Marco Aurélio

"A tranquilidade perfeita é o bom ordenamento da mente, o reino próprio."

— *Meditações,* Marco Aurélio

"O homem virtuoso é imperturbável."

— *Cartas a Lucílio,* Sêneca.

"O homem sábio não espera que as coisas aconteçam como deseja, mas deseja que as coisas aconteçam como acontecem."

— *Manual de Epiteto,* Epiteto

"...quando algo assalta minha mente, que não está acostumada a ser bombardeada, quando algo aconteceu que ou é indigno de mim (uma experiência comum em toda vida humana) ou não pode ser tratado facilmente, quando coisas sem importância se tornam demoradas, refugio-me no lazer e, assim como rebanhos de animais cansados, caminho mais rapidamente para casa."

— *Sobre a brevidade da vida*, Sêneca

"NINGUÉM É TÃO ESCRAVO QUANTO AQUELE QUE SE CONSIDERA LIVRE SEM O SER."

— *Sobre a ira*, Sêneca

"Nunca deixe o futuro perturbá-lo. Você o enfrentará, se for necessário, com as mesmas armas da razão que hoje o armam contra o presente."

— *Meditações*, Marco Aurélio

SÊNECA | EPITETO | MARCO AURÉLIO

" A ambição é como um abismo: tudo é tragado por ele e enterrado, além de suas perigosas consequências; pois aquilo que um tirou de todos pode ser facilmente tirado por todos de um novamente."

— *A vida feliz*, **Sêneca**

"Esperança e medo, por mais distantes que pareçam um do outro, ambos estão ainda unidos na mesma corrente, como o guarda e o prisioneiro; e um pisa nos calcanhares do outro."

— *A vida feliz*, **Sêneca**

" A pior inimiga da verdade é a própria opinião, que nos afasta dela."

— *Sobre a ira*, **Sêneca**

"O sábio nunca perde tempo."

— *Cartas a Lucílio*, **Sêneca**

365 ENSINAMENTOS DA FILOSOFIA ESTOICA

"O HOMEM QUE SE PREPARA PARA O PIOR DOS CASOS ELIMINA O MEDO."

— A *vida feliz*, **Sêneca**

"A vida é como uma vela, que não dura para sempre, mas que queima com grandeza."

— *Cartas a Lucílio*, **Sêneca**

"Não vivemos para nós mesmos, mas para os outros."

— *Sobre a brevidade da vida*, **Sêneca**

"O maior remédio para a raiva é o adiamento."

— *Sobre a ira*, **Sêneca**

" A arte de viver é mais como a luta do que como a dança."

— *Meditações*, **Marco Aurélio**

SÊNECA | EPITETO | MARCO AURÉLIO

"A VIRTUDE É SUFICIENTE PARA A FELICIDADE."

— *A vida feliz*, **Sêneca**

"O desejo de poder é o maior inimigo da liberdade."

— *Sobre a ira*, **Sêneca**

"Se você quer melhorar, alegre-se quando for considerado tolo e estúpido pelos outros."

— *Manual de Epiteto*, **Epiteto**

"A verdadeira riqueza é viver com pouco."

— *A vida feliz*, **Sêneca**

" Quão ridículo e quão estranho é estar surpreendido com qualquer coisa que acontece na vida."

— *Meditações*, **Marco Aurélio**

"O verdadeiro caráter de uma pessoa é mostrado quando ninguém está olhando."

– *Manual de Epiteto*, **Epiteto**

" O homem sábio faz mais perguntas do que dá respostas.*"*

– *Cartas a Lucílio*, **Sêneca**

"TIRE SUAS TESTEMUNHAS E ESPECTADORES E NÃO HAVERÁ DIVERSÃO EM BANQUETEAR EM PRIVADO."

– *Sobre a brevidade da vida*, **Sêneca**

"Quantas libertações não vieram inesperadamente? E quantas maldades que antevimos nunca aconteceram? É tempo suficiente para lamentar quando elas chegarem e, nesse ínterim, prometer-nos o melhor."

– *A vida feliz*, **Sêneca**

SÊNECA | EPITETO | MARCO AURÉLIO

"Nada encanta tanto a mente quanto uma amizade afetuosa e leal. Que bênção é ter corações prontos e desejosos de receber todos os seus segredos em segurança, com os quais você tem menos medo de compartilhar o conhecimento de algo do que mantê-lo para si mesmo, cuja conversa acalma sua angústia, cujos conselhos o ajudam a formar suas opiniões, cuja alegria dissolve sua tristeza, cuja própria presença o anima!"

— *Sobre a brevidade da vida*, **Sêneca**

"*O que pode acontecer a um pode acontecer a todos.*"

— *Sobre envelhecer*, **Cícero**

"Embora a lealdade e a bondade de um homem possam não estar em dúvida, uma companhia que está agitada e gemendo a respeito de tudo é inimiga da paz de espírito."

— *Sobre a brevidade da vida*, **Sêneca**

365 ENSINAMENTOS DA FILOSOFIA ESTOICA

"Olhe dentro de você. Dentro está a fonte do bem, uma fonte que pode sempre borbulhar, se você sempre cavar."

– Meditações, Marco Aurélio

"A passagem para a virtude é justa, mas o caminho para a grandeza é íngreme e fica não apenas sobre um precipício, mas também sobre o gelo; e ainda assim é difícil convencer um grande homem de que sua posição é escorregadia, ou persuadi--lo a não depender de sua grandeza; mas todas as superfluidades são prejudiciais."

– A vida feliz, Sêneca

" A aceitação da realidade é a base da tranquilidade."

– Sobre a tranquilidade da alma, Sêneca

SÊNECA | EPITETO | MARCO AURÉLIO

"AQUELE QUE VIVE EM HARMONIA CONSIGO MESMO VIVE EM HARMONIA COM O UNIVERSO."

— *Meditações,* **Marco Aurélio**

" A mente livre de desejos é uma mente em paz."

— *Sobre a tranquilidade da alma,* **Sêneca**

"Devemos ter em mente o quanto é mais leve a dor de não ter dinheiro do que de perdê-lo; e perceberemos que quanto menos a pobreza tem a perder, menos agonia pode nos causar. Pois se engana se pensa que os ricos sofrem com mais coragem: a dor de uma ferida é a mesma nos corpos maiores e nos menores."

— *Sobre a brevidade da vida,* **Sêneca**

365 ENSINAMENTOS DA FILOSOFIA ESTOICA

" Aceite tudo o que vier tecer sua trama."

— Meditações, **Marco Aurélio**

"Mais fácil suportar e mais simples não adquirir do que perder, então você notará que aquelas pessoas que o destino nunca favoreceu são mais alegres do que aquelas que ele abandonou."

— Sobre a brevidade da vida, **Sêneca**

"A alma feliz é aquela que repousa em suas próprias virtudes."

— A vida feliz, **Sêneca**

"O QUE NÃO NOS DESTRÓI NOS TORNA MAIS FORTES."

— Meditações, **Marco Aurélio**

109

SÊNECA | EPITETO | MARCO AURÉLIO

"Os corpos dos homens estarão mais bem preparados para a guerra se puderem ser comprimidos em sua armadura do que se projetarem para fora dela e por seu tamanho ficarem expostos de todos os lados a ferimentos. Portanto, a quantia ideal de dinheiro é aquela que não se enquadra na faixa de pobreza nem a excede em muito."

— *Sobre a brevidade da vida*, **Sêneca**

"Não deixe que os outros determinem o seu valor."

— *Meditações*, **Marco Aurélio**

"A REFLEXÃO É NECESSÁRIA PARA A PAZ DE ESPÍRITO."

— *Sobre a tranquilidade da alma*, **Sêneca**

" Vamos nos acostumar a banir a ostentação e a medir as coisas por suas qualidades de função, em vez de ostentação."

— *Sobre a brevidade da vida*, **Sêneca**

 365 ENSINAMENTOS DA FILOSOFIA ESTOICA

"Aprendamos a elevar nossa autocontenção, a refrear a luxúria, a moderar a ambição, a amenizar a raiva, a considerar a pobreza sem preconceitos, a praticar a frugalidade, mesmo que muitos tenham vergonha disso, a aplicar às necessidades da natureza os remédios que são baratos e disponíveis, para deter, como se fosse em grilhões, as esperanças desenfreadas e uma mente obcecada com o futuro, e almejar adquirir nossas riquezas de nós mesmos, e não do destino."

– *Sobre a brevidade da vida*, Sêneca

"A FELICIDADE ESTÁ EM ESTAR EM PAZ CONSIGO MESMO."

– *Sobre a tranquilidade da alma*, Sêneca

"Uma safra excelente derruba o milho; uma carga muito grande de frutas quebra o galho; e nossas mentes também podem estar sobrecarregadas com uma felicidade imoderada."

– *A vida feliz*, Sêneca

SÊNECA | EPITETO | MARCO AURÉLIO

"A MENTE LIVRE DE PAIXÕES É UMA CIDADELA; O HOMEM NÃO TEM FORTALEZA MAIS FORTE PARA A QUAL POSSA RECORRER."

— *Meditações*, **Marco Aurélio**

"Não busque que os eventos aconteçam como você quer, mas queira que eles aconteçam como devem acontecer, e sua vida será serena."

— *A vida feliz*, **Sêneca**

"Investiguemos de que modo a alma deverá prosseguir sempre de modo igual e no mesmo ritmo. Ou seja, estar em paz consigo mesmo, e que essa alegria não se interrompa, mas permaneça em estado plácido, sem elevar-se, sem abater-se. A isso eu chamo tranquilidade. Investiguemos como alcançá-la."

— *Cartas a Lucílio*, **Sêneca**

365 ENSINAMENTOS DA FILOSOFIA ESTOICA

" O que nós fazemos agora ecoa na eternidade."

— *Meditações*, **Marco Aurélio**

"O AUTOCONTROLE É O SEGREDO DA PAZ DE ESPÍRITO."

— *Sobre a tranquilidade da alma,* **Sêneca**

"Você deve refletir que os prisioneiros acorrentados apenas no início sentem o peso dos grilhões em suas pernas: com o tempo, quando decidem não lutar contra, mas suportá-los, eles aprendem da necessidade a suportar com firmeza e do hábito a resistir facilmente. Em qualquer situação da vida, você encontrará delícias, relaxamentos e prazeres se estiver preparado para desprezar seus problemas e não permitir que eles o perturbem."

— *Sobre a brevidade da vida,* **Sêneca**

SÊNECA | EPITETO | MARCO AURÉLIO

"A morte sorri para todos nós, tudo o que um homem pode fazer é sorrir de volta."

— *Meditações*, Marco Aurélio

" A melhor maneira de se vingar é não ser como seu inimigo."

— *Meditações*, Marco Aurélio

"Não há avareza sem algum castigo, para além do que é para si mesmo."

— *A vida feliz*, Sêneca

"O dinheiro é um tormento maior na sua posse do que na sua busca."

— *A vida feliz*, Sêneca

"Você precisa se acostumar com as circunstâncias, reclamar delas o mínimo possível e aproveitar todas as vantagens que elas têm a oferecer: nenhuma condição é tão amarga que uma mente estável não possa encontrar algum consolo nela."

— *Sobre a brevidade da vida*, Sêneca

"Pense no seu caminho através das dificuldades: as condições adversas podem ser amenizadas, as restritas podem ser ampliadas, e as pesadas podem pesar menos para aqueles que sabem como suportá-las."

— *Sobre a brevidade da vida*, **Sêneca**

"Nada é eterno, exceto a mudança."

— *Meditações*, **Marco Aurélio**

"TUDO O QUE VIVEMOS É APENAS UM INSTANTE NO TEMPO."

— *Meditações*, **Marco Aurélio**

" Um homem pode temer, mas não ser temeroso; que nada mais é do que ter a afeição do medo sem o vício dele; mas, ainda assim, uma admissão frequente dele torna-se um hábito."

— *A vida feliz*, **Sêneca**

SÊNECA | EPITETO | MARCO AURÉLIO

"Deixe toda a sua atividade ser direcionada a algum objeto, deixe-a ter algum fim em vista. Não é a atividade que torna os homens inquietos, mas as falsas impressões das coisas os enlouquecem. Pois até mesmo os loucos precisam de alguma esperança para estimulá-los: a exibição ostensiva de algum objeto os excita porque sua mente iludida não consegue detectar sua inutilidade."

— *Sobre a brevidade da vida*, Sêneca

"Se você está perturbado por qualquer coisa externa, a dor não se deve à coisa em si, mas à sua estimativa dela; e isso você tem o poder de revogar a qualquer momento."

— *Meditações*, Marco Aurélio

" Devemos tomar caminhadas na natureza para que a mente seja alimentada e atualizada sob ar livre e a respiração profunda."

— *Sobre a tranquilidade da alma*, Sêneca

365 ENSINAMENTOS DA FILOSOFIA ESTOICA

" O tempo cura o que a razão não consegue curar."

— *Cartas a Lucílio,* **Sêneca**

"Eu deveria me surpreender se os perigos que sempre vagaram sobre mim pudessem chegar a mim em algum momento?"

— *Sobre a brevidade da vida,* **Sêneca**

"Encontre paz na aceitação da realidade."

— *Meditações,* **Marco Aurélio**

"Há muitas maneiras pelas quais a raiva pode ser controlada; a maioria das coisas pode ser transformada em brincadeira. 'Diz-se que Sócrates, quando recebeu um tapa na orelha, simplesmente disse que era uma pena que um homem não pudesse saber quando devia usar seu capacete ao caminhar.' Não importa muito quão grave uma lesão foi feita, mas sim como é suportada."

— *Sobre a ira,* **Sêneca**

"Reserve um certo número de dias, durante os quais você se contentará com a alimentação mais barata e escassa, com vestes grosseiras e ásperas, dizendo a si mesmo: 'É esta a situação que eu temia?'. É precisamente em tempos tranquilos que a alma deve endurecer-se de antemão para ocasiões de maior estresse, e é enquanto a fortuna é amável que se deve fortalecer contra violência."

– *Carta a Lucílio*, **Sêneca**

"A MENTE QUE SE OCUPA DEMAIS COM TRIVIALIDADES PERDE A SUA PAZ."

– *Sobre a tranquilidade da alma*, **Sêneca**

"Um homem que está ocupado com muitas coisas muitas vezes se coloca no poder do destino."

– *Sobre a brevidade da vida*, **Sêneca**

"O destino me convida a ser um filósofo menos sobrecarregado."

— *Sobre a brevidade da vida,* **Sêneca**

"É mais civilizado zombar da vida do que lamentá-la."

— *Sobre a brevidade da vida,* **Sêneca**

"EM NENHUM LUGAR UM HOMEM PODE ENCONTRAR UM RETIRO MAIS CALMO OU MAIS SEM PERTURBAÇÕES DO QUE EM SUA PRÓPRIA ALMA."

— *Meditações,* **Marco Aurélio**

" Viver sem amigos não é viver."

— *Sobre a amizade,* **Cícero**

SÊNECA | EPITETO | MARCO AURÉLIO

"*Quanto a mim, preferi ser velho por um tempo mais curto do que envelhecer antes do meu tempo.*"

– *Saber envelhecer*, **Cícero**

" É a marca de uma mente superior não conter o riso do que não conter as lágrimas, uma vez que o riso expressa o mais gentil dos nossos sentimentos e demonstra que nada é grande, ou sério, ou mesmo miserável em cada uma das armadilhas de nossa existência."

– *Sobre a brevidade da vida*, **Sêneca**

"A virtude é a única garantia de uma vida tranquila."

– *Sobre a tranquilidade da alma*, **Sêneca**

"A mente não deve ser mantida continuamente no grau de concentração, mas receber diversões e distrações."

– *Sobre a brevidade da vida*, **Sêneca**

365 ENSINAMENTOS DA FILOSOFIA ESTOICA

" Tirar a amizade da vida é tirar o sol do universo."

— *Sobre a amizade,* **Cícero**

"RECEBA SEM ORGULHO, DEIXE IR SEM APEGO."

— *Meditações,* **Marco Aurélio**

"Nossas mentes devem relaxar: elas se levantarão melhor e mais aguçadas após um descanso. Assim como você não deve forçar terras férteis, já que a produtividade ininterrupta logo a exaurirá, o esforço constante minará nosso vigor mental, enquanto um curto período de descanso e relaxamento restaurará nossas forças. O esforço incessante leva a uma espécie de embotamento mental e letargia."

— *Saber envelhecer,* **Cícero**

SÊNECA | EPITETO | MARCO AURÉLIO

"Este é o primeiro preceito da amizade: pedir aos amigos só aquilo que é honesto, e fazer por eles apenas aquilo que é honesto."

– Sobre a amizade, Cícero

"A ALMA É UM SOPRO DIVINO ENCERRADO NO CORPO."

– Cartas a Lucílio, Sêneca

"O controle das emoções é essencial para a paz interior."

– Sobre a tranquilidade da alma, Sêneca

" Tomamos conta de nós como príncipes e voamos em busca de qualquer ninharia, como se fosse um caso de vida ou morte."

– A vida feliz, Sêneca

"DOS AMORES HUMANOS, O MENOS EGOÍSTA, O MAIS PURO E DESINTERESSADO É O AMOR DA AMIZADE."

— Sobre a amizade, Cícero

"Nossas misérias são infinitas, se tivermos medo de todas as possibilidades; a melhor maneira, em tal caso, é retirar um prego com o outro, e qualificar um pouco o medo com esperança; que pode servir para amenizar um infortúnio; embora não para curá-lo."

— A vida feliz, Sêneca

" A serenidade vem de viver de acordo com a razão."

— Sobre a tranquilidade da alma, Sêneca

"A verdadeira sabedoria está em ser fiel ao seu próprio ser."

— Cartas a Lucílio, Sêneca

SÊNECA | EPITETO | MARCO AURÉLIO

"O ócio produtivo é essencial para a saúde da mente."

— *Sobre a tranquilidade da alma,* **Sêneca**

"A amizade é simplesmente a amável concordância em todas as questões da vida."

— *Sobre a amizade,* **Cícero**

"Assim como a riqueza grandiosa é esbanjada no momento em que chega às mãos de um mau dono, a riqueza, por mais limitada que seja, quando confiada a um bom guardião, aumenta; assim também a vida é amplamente longa para aquele que sabe dela bem dispor."

— *Sobre a brevidade da vida,* **Sêneca**

"Associe-se com seu escravo com bondade, até mesmo em termos afáveis; deixe-o falar com você, planejar com você, viver com você. Sei que neste momento todos os pretensiosos clamarão contra mim em peso; eles dirão: 'Não há nada mais degradante, mais vergonhoso, do que isso'. Mas estas são as mesmas pessoas às quais às vezes surpreendo beijando as mãos dos escravos de outros homens."

– *Cartas a Lucílio*, Sêneca

" Quem afasta a amizade da vida parece que arranca o sol do mundo, pois os deuses imortais não nos deram nada melhor nem mais doce."

– *Sobre a amizade*, Cícero

"Estamos todos amarrados ao destino, alguns por uma corrente folgada e dourada, e outros por uma estreita de metal mais duro: mas o que isso importa? Estamos todos presos no mesmo cativeiro, e aqueles que amarraram outros também estão acorrentados, a menos que você pense que talvez a corrente do lado esquerdo seja mais leve."

– *Sobre a brevidade da vida*, Sêneca

SÊNECA | EPITETO | MARCO AURÉLIO

"A HARMONIA ENTRE CORPO E ALMA É ESSENCIAL PARA A PAZ INTERIOR."

— *Sobre a tranquilidade da alma*, Sêneca

"Um bom amigo é mais digno do que cem familiares."

— *Sobre a amizade*, Cícero

" Que progresso, você pergunta, eu fiz? Eu comecei a ser um amigo de mim mesmo. Isso foi realmente um grande auxílio; tal pessoa nunca pode estar sozinha."

— *Cartas a Lucílio*, Sêneca

365 ENSINAMENTOS DA FILOSOFIA ESTOICA

" A vida não é breve, mas nós a tornamos assim, desperdiçando tempo."

– Sobre a brevidade da vida, Sêneca.

"A amizade começa onde termina ou quando conclui o interesse."

– Sobre a amizade, Cícero

"A primeira lei da amizade consiste em pedir aos amigos coisas honestas, em fazer por eles coisas honestas."

– Sobre a amizade, Cícero

"As preocupações com o futuro tiram a paz do presente."

– Sobre a tranquilidade da alma, Sêneca